# DREAM WAVE

드 림 웨 이 브 청 소 년

창 세 기
열왕기상
마태복음

## VISION STORY I

꿈이있는 미래

# 청소년을 다시 일으킬
# 거룩한 WAVE!

이 시대의 청소년들을 그림으로 비유하자면 무채색 그림, 즉 색이 없는 그림과 같다고 할 수 있습니다. 왜냐하면 인생의 가장 중요한 시기에 있는 청소년들이 자신만의 뚜렷한 색깔을 잃어버린 채, 세상의 가치관이 원하는 대로 이리저리 끌려 다니느라 인생의 목표와 나아갈 방향을 찾지 못하고 있기 때문입니다. 피리를 불어도 춤추지 않는 이 세대는 수많은 이벤트와 다양한 프로그램에도 잃어버린 꿈을 찾지 못하고 있습니다.
세상이 제시하는 어떤 대안도 이 시대의 청소년 문제를 해결하지 못합니다.

꿈이 있는 미래는 이 청소년들을 다시 한 번 하나님의 말씀 위에 세우는 것이 이 모든 문제의 유일한 해답이라고 믿습니다. 그들의 마음과 영혼을 말씀으로 채우는 것만이 지금의 악한 시대 속에서 그리스도인의 정체성을 지키며 살아가게 하는 길이라고 믿습니다. 시편 말씀처럼 오직 하나님의 말씀만이 하나님이 일하시는 통로이기 때문입니다.

“그가 그의 말씀을 보내어 그들을 고치시고 위험한 지경에서 건지시는도다”(시 107:20).

이제 청소년부 주일 공과 교재 DREAM WAVE를 통해 사랑하는 청소년들에게 하나님 말씀의 깊이와 너비를 깨닫게 해주십시오. 깨달은 말씀을 삶에 적용하고 실천할 수 있도록 해주십시오. 그렇게 할 때, 여러분을 통해 열방에 하나님 나라를 선포할 위대한 믿음의 용사들이 세워질 것입니다.

**꿈이 있는 미래 대표** 강은도

# 꿈이 있는 미래 One Ministry

꿈이 있는 미래는

One Ministry로

교육합니다.

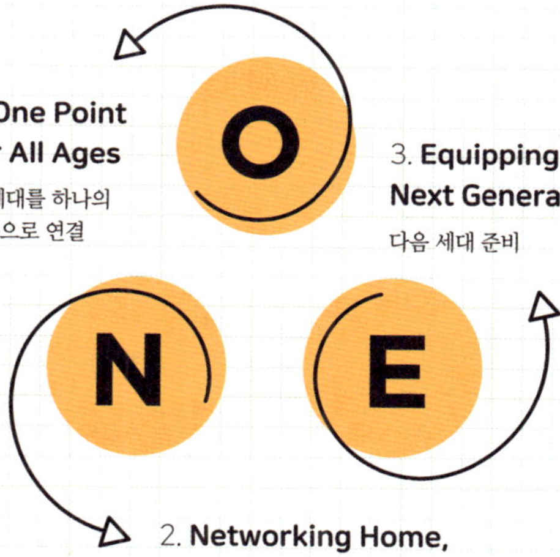


1. **One Point for All Ages**
전 세대를 하나의 본문으로 연결

2. **Networking Home, Church and School**
가정 - 교회 - 학교 연결

3. **Equipping the Next Generation**
다음 세대 준비

## One Point for All Ages

전 세대가 하나의 본문으로 하나 되어야 합니다.

전 세대가 동일한 말씀으로 예배를 드리며 동일한 본문으로 소그룹 성경 공부를 하고, 동일한 본문을 삶에 적용합니다. 전 세대가 하나의 말씀으로 세대 통합을 이룹니다.

## Networking Home, Church and School

가정과 교회와 학교를 연결해야 합니다.

다음 세대가 활동하는 주요 무대인 가정, 교회, 학교를 연결해야 합니다. 교회와 학교, 교사와 부모가 하나 될 때 진정한 신앙의 계승이 일어납니다.

## Equipping the Next Generation

다음 세대를 준비시켜야 합니다.

바벨론 같은 세상에서 다니엘 같은 믿음의 세대를 양성하기 위해서 다음 세대를 준비시켜야 합니다. 미래지향적인 기독교 교육을 통해 세대 도약을 이룰 수 있습니다.

# Dream Wave 교재

## One-Point CURRICULUM

### 1년 Starting Story

| | | 1과 | 2과 | 3과 | 4과 | 5과 | 6과 |
|---|---|---|---|---|---|---|---|
| Starting Story I | Christian Character | 형상 | 순종 | 준비 | 믿음 | 자비 | 친밀감 |
| | Bible Story | 창조 이야기<br>창세기 | | | 예수님 이야기 I<br>요한복음 | | |
| Starting Story II | Christian Character | 사명 | 용기 | 열정 | 확신 | 복음 | 충성 |
| | Bible Story | 사명 이야기<br>느헤미야, 여호수아 | | | 초대 교회 이야기<br>사도행전 1-12장, 요한계시록 | | |

### 2년 Growing Story

| | | 1과 | 2과 | 3과 | 4과 | 5과 | 6과 |
|---|---|---|---|---|---|---|---|
| Growing Story I | Christian Character | 경외 | 인도 | 구별 | 희생 | 권세 | 정체성 |
| | Bible Story | 광야 이야기<br>출애굽기, 신명기 | | | 예수님 이야기 II 마태복음, 빌립보서,<br>야고보서, 베드로전서, 갈라디아서, 디도서 | | |
| Growing Story II | Christian Character | 리더십 | 순결 | 은혜 | 돌파 | 간증 | 소망 |
| | Bible Story | 사사 이야기<br>사사기, 룻기, 요나, 나훔 | | | 전도 여행 이야기<br>사도행전 13-28장, 누가복음 1-3장 | | |

### 3년 Maturing Story

| | | 1과 | 2과 | 3과 | 4과 | 5과 | 6과 |
|---|---|---|---|---|---|---|---|
| Maturing Story I | Christian Character | 부르심 | 신뢰 | 보호하심 | 능력 | 공동체 | 경건 |
| | Bible Story | 왕 이야기<br>사무엘상, 마가복음 | | | 사도들의 편지<br>고린도전서, 디모데전·후서, 요한일·이·삼서 | | |
| Maturing Story II | Christian Character | 공의 | 회복 | 주권 | 은혜 | 제자도 | 사랑 |
| | Bible Story | 포로 이야기<br>예레미야, 다니엘 | | | 복음 이야기<br>마가복음, 로마서 | | |

꿈이 있는 미래의 교재 6년 교과 과정을 통해 하나님의 형상을 회복하기 위해 인간이 갖추어야 할 72가지 덕목을 300개의 중요한 성경 사건을 통해 배울 수 있습니다. 특히 300개의 중요한 사건을  성경의 큰 흐름과 맥락 안에서 바라봄으로써 6년 과정을 마칠 경우, 성경 전체를 아우르는 안목을 기를 수 있습니다.

### 4년 Vision Story

| | | 1과 | 2과 | 3과 | 4과 | 5과 | 6과 |
|---|---|---|---|---|---|---|---|
| Vision Story I | Christian Character | 비전 | 지혜 | 임재 | 승리 | 기쁨 | 하나님 나라 |
| | Bible Story | 창세기(요셉), 열왕기상 | | | 마태복음 | | |
| Vision Story II | Christian Character | 능력 | 말씀 | 예배 | 사랑 | 은혜 | 예수님 |
| | Bible Story | 열왕기상·하 | | | 호세아, 아모스, 에베소서, 빌립보서, 유다서, 히브리서 | | |

### 5년 Serving Story

| | | 1과 | 2과 | 3과 | 4과 | 5과 | 6과 |
|---|---|---|---|---|---|---|---|
| Serving Story I | Christian Character | 행함 | 겸손 | 위로 | 선택 | 영광 | 전심 |
| | Bible Story | 민수기, 베드로후서, 고린도후서, 요한복음 | | | 요한복음, 역대상·하 | | |
| Serving Story II | Christian Character | 예배 | 형통 | 결심 | 정의 | 평강 | 감사 |
| | Bible Story | 레위기, 신명기, 에스라, 에스더 | | | 미가, 나훔, 하박국, 스바냐, 학개, 스가랴, 말라기, 시편 | | |

### 6년 Transforming Story

| | | 1과 | 2과 | 3과 | 4과 | 5과 | 6과 |
|---|---|---|---|---|---|---|---|
| Transforming Story I | Christian Character | 정직 | 언어 | 가치 | 십자가 | 전파 | 변화 |
| | Bible Story | 잠언, 전도서, 요엘 | | | 누가복음, 빌레몬서 | | |
| Transforming Story II | Christian Character | 하나님 앞에서 | 분별 | 의인 | 찬양 | 교회 | 통치 |
| | Bible Story | 사무엘하, 시편 | | | 시편, 데살로니가전·후서, 이사야 | | |

# CONTENTS

## CHAPTER 4 승리

## CHAPTER 5 기쁨

## CHAPTER 6 하나님 나라

# 교재 사용법

교회에서 소그룹으로 활용할 수 있는 **Dream WAVE**는 총 4단계로 구성되어 있습니다.
다음의 활용법을 통해 구성을 잘 이해하고 활용한다면, 삶의 놀라운 변화를 경험하게 될 것입니다.

DREAM WAVE CH. 1

1과 하나님의 꿈

창세기 37장 1-11절 | 빌립보서 2장 13절

암송 구절 너희 안에서 행하시는 이는 하나님이시니 자기의 기쁘신 뜻을 위하여 너희에게 소원을 두고 행하게 하시나니 빌 2:13

MAIN IDEA 비전은 하나님이 주신다.

WELCOME

목표 문제점 자신에게 해당하는 문제점에 V 표시해 보세요.

- 목표가 없어요. 그러나 아무 상관없어요.
- 목표가 없어요. 그래서 괴로워요.
- 목표가 있어요. 그런데 희미해요.
- 목표를 갖고 싶어요. 그런데 방법을 모르겠어요.
- 목표가 없지만 언젠가 생길 거라서 별로 걱정은 안 해요.
- 목표 없는 삶이 좋아요. 계속 이렇게 살고 싶어요.
- 지금 목표가 있어요. 하지만 바뀔 거예요. 계속 그래 왔어요.
- 목표가 선명하고 열심히 노력하고 있어요. 그런데 성과가 없어요.
- 지금 당장의 목표는 있어요. 그런데 인생에 대한 목표는 없어요.
- 인생의 목표는 있어요. 그런데 당장 무엇을 해야 할지는 모르겠어요.
- 인생의 목표가 있고, 당장의 목표도 알아요. 그런데 실천이 안 돼요.
- 목표가 없어요. 그래서 친구의 목표를 따라가는 거예요.



12

ADVENTURE

설교 제목

설교 내용

나의 결심

1 요셉의 형들이 요셉을 미워했던 이유는 무엇인가요? (4절)

2 요셉이 꾼 꿈의 내용은 무엇인가요? (7, 9절)

3 요셉이 꾼 꿈의 의미는 무엇인가요?

13

**MAIN IDEA** 한 주의 설교와 공과, 그리고 삶이 One Point로 이루어질 수 있도록 도와줍니다.

**WELCOME** 말씀 안에 더욱 깊이 들어가기 위해 마음을 여는 단계입니다.

- 주어진 지문을 통해 서로에게 질문을 던지고 이야기를 나눕니다.

**ADVENTURE** 함께 본문을 탐험해 가며 귀납적 성경 연구를 진행하는 단계입니다.

- 설교 시간에 말씀 노트로 활용합니다.
- 본문을 읽어 가며 세 가지 질문에 스스로 답을 고민해 봅시다.

소그룹 가이드는 홈페이지 **www.coommi.org**에서 다운받아 보실 수 있습니다.

VALUE

비전의 일곱 가지 핵심 요소

| 핵심 요소 | 설명 | 예시 | 나 |
|---|---|---|---|
| 직업 비전 | 장래에 되고 싶은 직업 목표 | 세계적인 요리사 | |
| 직업 사명 | 직업을 이루어야 하는 이유 | 한식 외교관이 되어 우리 음식의 위대함을 알리고 싶다. | |
| 비전 대상 | 직업을 통해 도움을 주고 싶은 특정 연령, 직업군, 계층 등 | 세계 오지의 식량난을 겪는 사람들에게 음식을 지원하는 역할 | |
| 비전 모델 | 내가 꿈꾸는 직업의 비전을 이미 이룬 인물 | 에드워드 권 | |
| 장기 목표 | 꿈을 최종적으로 이루는 연도나 나이 | 2030년 | |
| 중기 목표 | 최종 비전을 이루기 위해 가장 중요한 분기점이 되는 시기와 숫자 목표 | 2020년까지 한국 최고 호텔의 주방장이 될 것이다. | |
| 단기 목표 | 비전의 중기 목표를 이루기 위해 내가 이루어야 할 영역의 숫자 목표 | 한식, 중식, 일식 자격증 3개 | |

14

ENJOY MY STORY

비전의 사람으로 살아가기! 요일에 맞추어 다음의 미션을 수행해 보세요.

| 요일 | 오늘의 미션 | 실천 여부 |
|---|---|---|
| MON | Value에 기록한 내용을 노트에 적어 눈에 잘 띄는 곳에 붙이기 | |
| TUE | 비전을 위해 기도하기 | |
| WED | 비전을 부모님이나 친구에게 말하기 | |
| THU | '단기 목표'를 달성하기 위한 계획 세우기 | |
| FRI | '비전 대상'에 대한 자료 수집하기 | |
| SAT | '중기 목표'를 달성하기 위한 계획 세우기 | |

기도 제목

15

하나님의 말씀을 기반으로 내 삶에 구체적인 가치를 부여하는 단계입니다. — VALUE

삶의 구체적인 계획을 통해 거룩한 습관을 세워 가는 단계입니다. — ENJOY MY STORY

° Weekly Mission을 통해 배운 말씀을 한 주 동안 실천해 보세요.

말씀을 듣고, 한 주간 세운 목표를 잘 실천하기 위한 기도 제목을 작성해 봅니다. — 기도 제목

예수님 ...

# CHAPTER 1

# 비전

1과 하나님의 꿈

2과 요셉의 승리

3과 세상을 섬기는 사람

4과 요셉, 형들을 용서하다!

DREAM WAVE CH. 1

1과

# 하나님의 꿈

본문 창세기 37장 1-11절　　암송 빌립보서 2장 13절

**암송 구절** 너희 안에서 행하시는 이는 하나님이시니 자기의 기쁘신 뜻을 위하여 너희에게 소원을 두고 행하게 하시나니 빌 2:13

## MAIN IDEA

비전은 하나님이 주신다.

## WELCOME

**목표 문제점** 자신에게 해당하는 문제점에 V 표시해 보세요.

- 목표가 없어요. 그러나 아무 상관없어요. ◯
- 목표가 없어요. 그래서 괴로워요. ◯
- 목표가 있어요. 그런데 희미해요. ◯
- 목표를 갖고 싶어요. 그런데 방법을 모르겠어요. ◯
- 목표가 없지만 언젠가 생길 거라서 별로 걱정은 안 해요. ◯
- 목표 없는 삶이 좋아요. 계속 이렇게 살고 싶어요. ◯
- 지금 목표가 있어요. 하지만 바뀔 거예요. 계속 그래 왔어요. ◯
- 목표가 선명하고 열심히 노력하고 있어요. 그런데 성과가 없어요. ◯
- 지금 당장의 목표는 있어요. 그런데 인생에 대한 목표는 없어요. ◯
- 인생의 목표는 있어요. 그런데 당장 무엇을 해야 할지는 모르겠어요. ◯
- 인생의 목표가 있고, 당장의 목표도 알아요. 그런데 실천이 안 돼요. ◯
- 목표가 없어요. 그래서 친구의 목표를 따라가는 거예요. ◯

ADVENTURE

설교 제목

설교 내용

나의 결심

1 요셉의 형들이 요셉을 미워했던 이유는 무엇인가요? (4절)

2 요셉이 꾼 꿈의 내용은 무엇인가요? (7, 9절)

3 요셉이 꾼 꿈의 의미는 무엇인가요?

## 비전의 일곱 가지 핵심 요소

| 핵심 요소 | 설명 | 예시 | 나 |
|---|---|---|---|
| 직업 비전 | 장래에 되고 싶은 직업 목표 | 세계적인 요리사 | |
| 직업 사명 | 직업을 이루어야 하는 이유 | 한식 외교관이 되어 우리 음식의 위대함을 알리고 싶다. | |
| 비전 대상 | 직업을 통해 도움을 주고 싶은 특정 연령, 직업군, 계층 등 | 세계 오지의 식량난을 겪는 사람들에게 음식을 지원하는 역할 | |
| 비전 모델 | 내가 꿈꾸는 직업의 비전을 이미 이룬 인물 | 에드워드 권 | |
| 장기 목표 | 꿈을 최종적으로 이루는 연도나 나이 | 2030년 | |
| 중기 목표 | 최종 비전을 이루기 위해 가장 중요한 분기점이 되는 시기와 숫자 목표 | 2020년까지 한국 최고 호텔의 주방장이 될 것이다. | |
| 단기 목표 | 비전의 중기 목표를 이루기 위해 내가 이루어야 할 영역의 숫자 목표 | 한식, 중식, 일식 자격증 3개 | |

## ENJOY MY STORY

**비전의 사람으로 살아가기! 요일에 맞추어 다음의 미션을 수행해 보세요.**

| 요 일 | 오늘의 미 션 | 실 천 여 부 |
|---|---|---|
| MON | Value에 기록한 내용을 노트에 적어 눈에 잘 띄는 곳에 붙이기 | |
| TUE | 비전을 위해 기도하기 | |
| WED | 비전을 부모님이나 친구에게 말하기 | |
| THU | '단기 목표'를 달성하기 위한 계획 세우기 | |
| FRI | '비전 대상'에 대한 자료 수집하기 | |
| SAT | '중기 목표'를 달성하기 위한 계획 세우기 | |

기도 제목

DREAM WAVE CH. 1

# 2과 요셉의 승리

본문 창세기 39장 11-23절 암송 잠언 16장 17절

암송 구절 악을 떠나는 것은 정직한 사람의 대로이니 자기의 길을 지키는 자는 자기의 영혼을 보전하느니라 잠 16:17

MAIN IDEA 거룩함으로 비전을 지켜라.

## WELCOME

**사람을 선발할 때 필요한 나의 체크 리스트는 무엇인가?**

예시 고위 공직자 선발을 위한 질문들

체크 리스트

| | | |
|---|---|---|
| 리스 차량을 이용한 경험이 있습니까? | YES | NO |
| 경제적으로 독립하지 않은 자녀가 자동차를 보유하고 있습니까? | YES | NO |
| 형사 처벌이나 징계를 받은 후 사면된 사실이 있습니까? | YES | NO |

**나의 질문**

1 착한 거짓말에 대해 어떻게 생각하나요?

2 

3 

4 

ADVENTURE

설교 제목

설교 내용

나의 결심

1 요셉은 보디발의 아내가 유혹하자 어떻게 행동했나요? (12절)

2 하나님은 옥에 갇힌 요셉을 어떻게 보호하셨나요? (21절)

3 내가 만약 요셉이었다면, 나는 어떻게 행동했을까요?

VALUE

## 나는 학교에서도 그리스도인입니다!

다음은 영국의 신학자 존 오웬이 제시한 '그리스도인이 죄와의 싸움에서 승리하는 비결'입니다. 다음 세 가지 단계를 통해, 하나님 앞에서 거룩함을 지키는 그리스도인이 됩시다.

ENJOY MY STORY

거룩함에 대한 성경 구절 암송하기!

| 요 일 | 오늘의 미 션 | 실 천 여 부 |
| --- | --- | --- |
| MON | "그러므로 형제들아 내가 하나님의 모든 자비하심으로 너희를 권하노니 너희 몸을 하나님이 기뻐하시는 거룩한 산 제물로 드리라 이는 너희가 드릴 영적 예배니라"(롬 12:1). | |
| TUE | "이제는 너희가 이 모든 것을 벗어 버리라 곧 분함과 노여움과 악의와 비방과 너희 입의 부끄러운 말이라"(골 3:8). | |
| WED | "하나님을 따라 의와 진리의 거룩함으로 지으심을 받은 새 사람을 입으라"(엡 4:24). | |
| THU | "그들은 잠시 자기의 뜻대로 우리를 징계하였거니와 오직 하나님은 우리의 유익을 위하여 그의 거룩하심에 참여하게 하시느니라"(히 12:10). | |
| FRI | "그러므로 누구든지 이런 것에서 자기를 깨끗하게 하면 귀히 쓰는 그릇이 되어 거룩하고 주인의 쓰심에 합당하며 모든 선한 일에 준비함이 되리라"(딤후 2:21). | |
| SAT | 월요일부터 금요일까지 암송한 구절 복습 | |

기도 제목

DREAM WAVE CH. 1

3과

# 세상을 섬기는 사람

본문 창세기 41장 46-57절 암송 시편 37편 3절

암송 구절 여호와를 의뢰하고 선을 행하라 땅에 머무는 동안 그의 성실을 먹을 거리로 삼을지어다 시 37:3

MAIN IDEA **비전으로 세상을 섬기라.**

## WELCOME

### '경쟁 의식' vs. '공동체 의식'

선생님의 설명을 들으며 아래의 빈칸에 답을 적고, 나는 '경쟁 의식'과 '공동체 의식' 중 어떤 유형의 사고 방식에 더 가까운 사람인지 나누어 보세요.

| 경쟁 의식 | 공동체 의식 |
|---|---|
| ________ 의 사고 방식 | ________ 의 사고 방식 |
| ________ 이 우선 | ________ 가 우선 |
| 신뢰를 ________ | 신뢰를 ________ |
| ________ 은 이기고<br>________ 은 진다. | ________ 이긴다. |
| ________ 생각함 | 생각을 ________ |
| 다른 사람들을 ________ | 다른 사람들을 ________ |

ADVENTURE

설교 제목

설교 내용

나의 결심

1 요셉은 몇 살 때 바로 왕 앞에 서게 되었나요? (46절)

2 온 땅에 기근이 찾아오자 요셉은 어떻게 행동했나요? (56절)

3 요셉은 어떤 유형의 리더라고 생각하나요?

## 미래 일기 작성하기

**작성법**

1 나의 진로 비전이 무엇인지 생각하고 구체적인 직업을 확정한다.

직업 ______________________

2 내가 그 직업의 현장에 있을 만한 나이와 연도를 정한다.

나이 ________ 세 / 연도 ____________ 년

3 해당 직업에 종사하는 내 미래의 하루를 상상하면서 일과와 장소, 인간관계, 일의 내용, 섬세한 감정 등이 반영된 일기를 생생하게 작성한다.

ENJOY MY STORY

다음 영화를 감상한 후 아래의 내용을 작성해 보세요.

영화 원더(Wonder, 미국, 2017)

영화 제목

배역 이름, 직업

가장 인상 깊은 장면

기도 제목

# 4과 요셉, 형들을 용서하다!

본문 창세기 45장 1-15절　　암송 로마서 8장 28절

**암송구절** 우리가 알거니와 하나님을 사랑하는 자 곧 그의 뜻대로 부르심을 입은 자들에게는 모든 것이 합력하여 선을 이루느니라 롬 8:28

**MAIN IDEA** 비전의 사람은 하나님의 마음으로 산다.

## WELCOME

### 보이는 스펙 vs. 보이지 않는 스펙

보이는 스펙 자격증, 외국어, 학교 성적, 봉사활동

보이지 않는 스펙

------------------------------

------------------------------

------------------------------

------------------------------

------------------------------

ADVENTURE

설교 제목

설교 내용

나의 결심

1 요셉은 자신을 애굽으로 보내신 이가 누구라고 고백하나요? (8절)

2 요셉은 형들과 아버지를 어떻게 모시겠다고 말하나요? (11절)

3 요셉은 어떻게 형들을 용서할 수 있었나요?

VALUE

## B.E.L.L.S! 아래의 빈칸을 채워 보세요.

| | | |
|---|---|---|
| Bless(축복하라) | ◦ 반드시 두 사람 이상<br>◦ 사이가 좋지 않았던 사람 한 명 이상 포함 | |
| Eat(식사하라) | ◦ 밥 사 줄 사람(한 명 이상) | |
| Listen(들으라) | ◦ 고민을 들어줄 사람(한 명) | |
| Learn(배우라) | ◦ 내가 가장 닮고 싶은 예수님의 모습 | |
| Sent(파송되어라) | ◦ 내가 복음을 전할 사람 | |

ENJOY MY STORY

B.E.L.L.S 실천하기(미션 요일 바뀌어도 됨)

| 요일 | 오늘의 미션 | 실천 여부 |
|---|---|---|
| MON | Bless 실천하기 | |
| TUE | Bless 실천하기 | |
| WED | Eat 실천하기 | |
| THU | Listen 실천하기 | |
| FRI | Learn 실천하기 | |
| SAT | Sent 실천하기 | |

기도 제목

예수님 …

드림웨이브 청소년

# CHAPTER 2

# 지혜

1과 요셉의 지혜

2과 하나님의 약속

3과 왕이 된 솔로몬

4과 명 판결

DREAM WAVE CH. 2

1과

# 요셉의 지혜

본문 창세기 47장 23-31절 암송 잠언 3장 18절

암송구절 지혜는 그 얻은 자에게 생명 나무라 지혜를 가진 자는 복되도다 잠 3:18

## MAIN IDEA 지혜를 가진 자가 복되다.

## WELCOME

### 지혜란 무엇일까?

약 3:17

엡 5:15-17

약 3:17

성경에서 말하는 참된 지혜의 세 가지 요소

ADVENTURE

설교 제목

설교 내용

나의 결심

1 요셉의 호의를 받은 애굽 사람들은 어떻게 반응했나요? (25절)

2 극심한 기근 속에서 이스라엘 족속은 어떻게 되었나요? (27절)

3 애굽 민족과 이스라엘 족속이 극심한 기근 속에서도 살 수 있었던 이유는 무엇인가요? (23-31절)

VALUE

요셉은 어떻게 지혜의 복을 받을 수 있었나요? 아래의 빈칸에 알맞은 내용을 적어 보세요.

**1** 성경이 말하는 '지혜'의 근본

"여호와를 ________ 이 지혜의 근본이라 그의 계명을 지키는 자는 다 훌륭한 지각을 가진 자이니 여호와를 찬양함이 영원히 계속되리로다"(시 111:10).

**2** 하나님을 경외한 요셉

"이 집에는 나보다 큰 이가 없으며 주인이 아무것도 내게 금하지 아니하였어도 금한 것은 당신뿐이니 당신은 그의 아내임이라 그런즉 내가 어찌 이 큰 악을 행하여 ________ 죄를 지으리이까"(창 39:9).

**3** 지혜로운 자가 된 요셉

"요셉에게 이르되 하나님이 이 모든 것을 네게 보이셨으니 너와 같이 명철하고 ________ 가 없도다 너는 내 집을 다스리라 내 백성이 다 네 명령에 복종하리니 내가 너보다 높은 것은 내 왕좌뿐이니라"(창 41:39-40).

## ENJOY MY STORY

**하나님을 경외하는 자로 살기! 각 요일에 해당하는 미션을 수행해 보세요.**

| 요일 | 오늘의 미션 | 실천 여부 |
|---|---|---|
| MON | '하나님 앞에서' 거짓말하지 않기 | |
| TUE | '하나님 앞에서' 다른 사람 험담하지 않기 | |
| WED | '하나님 앞에서' 음란물 보지 않기 | |
| THU | '하나님 앞에서' 욕하지 않기 | |
| FRI | '하나님 앞에서' 친구들을 위해 축복 기도하기 | |
| SAT | '하나님 앞에서' 내일 예배를 위해 일찍 잠자리에 들기 | |

기도 제목

DREAM WAVE CH. 2

# 2과 하나님의 약속

본문 창세기 50장 15-26절 암송 시편 25편 14절

**암송구절** 여호와의 친밀하심이 그를 경외하는 자들에게 있음이여 그의 언약을 그들에게 보이시리로다 시 25:14

**MAIN IDEA** 지혜로운 사람은 하나님의 약속을 믿는다.

## WELCOME

하나님의 말씀이 우리에게 주는 유익은 무엇일까요? 아래의 빈칸에 자신의 생각을 적어 보세요.

ADVENTURE

설교 제목

설교 내용

나의 결심

1 요셉이 믿은 하나님의 약속은 무엇인가요? (24절)

2 요셉이 이스라엘 자손에게 부탁한 것은 무엇인가요? (25절)

3 요셉처럼 내가 굳게 붙들 하나님의 말씀 한 구절을 적어 보세요.

VALUE

## 하나님의 약속을 붙드는 다섯 가지 방법!

다음의 성경 구절을 찾아서 읽고, 빈칸에 알맞은 답을 적어 보세요.

**1** 로마서 10장 17절

목사님, 전도사님, 선생님이 들려주시는 하나님의 말씀을 잘 ______________

**2** 요한계시록 1장 3절

날마다 꾸준히 말씀을 ______________

**3** 사도행전 17장 11절

읽다가 이해하기 어려운 말씀을 발견하면 목사님이나 선생님에게

묻거나 찾아서 ______________ 하기

**4** 시편 119편 11절

읽은 말씀대로 살기 위해 말씀을 마음에 새기고 ______________ 하기

**5** 시편 1편 2-3절

읽거나 공부한 말씀을 곰곰이 ______________ 하여 생활에서 실천하기

## ENJOY MY STORY

하나님의 약속을 붙드는 자로 살기! 각 요일에 해당하는 미션을 수행해 보세요.

| 요일 | 오늘의 미션 | 실천 여부 |
| --- | --- | --- |
| MON | 시편 1-5편 읽기 | |
| TUE | 시편 6-10편 읽기 | |
| WED | 읽은 말씀 중 외울 구절을 직접 정해서 암송하기 | |
| THU | 암송한 말씀을 하루 종일 생각하며 생활하기 | |
| FRI | 암송한 말씀을 하루 종일 생각하며 생활하기 | |
| SAT | 읽은 말씀 중 이해하기 어려웠던 부분에 대해<br>목사님에게 질문할 '질문 노트' 만들기 | |

기도 제목

DREAM WAVE CH. 2

# 3과 왕이 된 솔로몬

본문 열왕기상 3장 1-9절　　암송 잠언 4장 7절

**암송구절** 지혜가 제일이니 지혜를 얻으라 네가 얻은 모든 것을 가지고 명철을 얻을지니라 잠 4:7

MAIN IDEA **하나님의 지혜를 구하라.**

## WELCOME

### 내가 받고 싶은 선물

내가 받고 싶은 선물은 무엇인가요? 아래 선물 주머니 안에 적고, 친구들과 나누어 보세요.

ADVENTURE

설교 제목

설교 내용

나의 결심

1 하나님을 향한 솔로몬의 마음은 어떠했나요? (3절)

2 솔로몬은 기브온에서 무엇을 했나요? (4절)

3 솔로몬은 하나님께 무엇을 구했나요? (9절; 대하 1:10)

## 솔로몬의 기도

솔로몬이 드린 기도(왕상 3:7, 9)의 의미를 생각하며, 하나님의 마음에 맞는 기도를 드려 보세요.

| 솔로몬의 기도 | 의미 | 나의 기도 |
|---|---|---|
| '나의 하나님 여호와여' | 하나님과의 인격적인 관계를 고백함 | ________ (이신) 아버지 하나님, |
| '주께서 종으로 종의 아버지 다윗을 대신하여 왕이 되게' | 내게 베푸신 하나님의 은혜에 대해 감사함 | ________ (해주신) 아버지께 감사합니다. |
| '종은 작은 아이라 출입할 줄을 알지 못하고' | 나의 연약함을 인정하고 고백함 | ________ (인) 제게 은혜를 베풀어 주옵소서. |
| '누가 주의 이 많은 백성을 재판할 수 있사오리이까'<br>'듣는 마음을 종에게 주사 주의 백성을 재판하여 선악을 분별하게 하옵소서' | 모든 상황에서 하나님이 기뻐하시는 뜻을 선택하는 지혜를 구하는 기도를 함 | 제 삶의 현장인 ________ 에서<br>항상 하나님이 기뻐하시는 뜻을 선택하는 지혜를 주옵소서. 예수님의 이름으로 기도드립니다. 아멘. |

ENJOY MY STORY

한 주 동안 잠언 말씀을 묵상하며 하나님께 일곱 가지 지혜를 구해 보세요.

| 요일 | 오늘의 미션 | 실천 여부 |
| --- | --- | --- |
| MON 분별 | 묵상 잠언 14장 12절<br>기도 범사에 현명한 결정을 내리는 지혜를 갖도록 | |
| TUE 관계 | 묵상 잠언 12장 26절<br>기도 사람을 분별하는 지혜를 갖도록 | |
| WED 순결 | 묵상 잠언 6장 25-28절<br>기도 성적 유혹을 물리칠 지혜를 갖도록 | |
| THU 재물 | 묵상 잠언 11장 28절<br>기도 돈을 의지하지 않는 지혜를 갖도록 | |
| FRI 효도 | 묵상 잠언 23장 22, 25절<br>기도 부모님의 마음을 헤아리는 지혜를 갖도록 | |
| SAT 동행 | 묵상 잠언 23장 17-18절<br>기도 하나님과 동행하는 지혜를 갖도록 | |

기도 제목

# 4과 명 판결

본문 열왕기상 3장 16-28절 암송 욥기 12장 13절

**암송 구절** 지혜와 권능이 하나님께 있고 계략과 명철도 그에게 속하였나니 욥 12:13

**MAIN IDEA** 지혜로 하나님을 높이라.

## WELCOME

### 범인 잡기 문제!

다음 중 진짜 범인은 누구일까요?

어떤 동그란 집에서 아기가 죽는 사건이 일어났다. 살인범으로 의심되는 사람은 네 사람이었다. 형사가 각자의 알리바이를 묻자, 용의자 A는 집에서 요리를 하고 있었고, 용의자 B는 청소를 하고 있었다고 한다. 용의자 C는 구석에서 놀고 있었고, 용의자 D는 밖에서 운동 중이었다고 한다. 진짜 범인은 누구일까?

범인 ______________________

이유 ______________________

______________________

______________________

ADVENTURE

설교 제목

설교 내용

나의 결심

1 두 명의 여인이 쟁론한 이유는 무엇이었나요? (16-22절)

2 솔로몬은 이 재판에서 어떤 판결을 내렸나요? (23-27절)

3 온 이스라엘이 왕을 두려워하게 된 이유는 무엇인가요? (28절)

VALUE

## 지혜로 하나님을 높이라!

**1** 두 여인, 한 아이 재판 사건의 특징

(1) ________________ 솔로몬은 사회적 지위가 낮은 두 여인의 이야기에 귀를 기울였다.

(2) ________________ 솔로몬의 판결은 모든 이가 보기에 정의로웠다.

**2** 하나님의 지혜의 특징

오직 위로부터 난 지혜는 첫째 성결하고 다음에 화평하고 관용하고 양순하며 ________________ 과 선한 열매가 가득하고 ________________ 이 없나니"(약 3:17).

**3** 우리가 삶의 현장에서 ________________ 과 ________________ 를 행하는 것이 하나님의 지혜이다!

## ENJOY MY STORY

**하나님의 지혜로 살아감으로써 하나님을 높이기! 매일의 미션을 수행하며 하나님의 지혜로 살아가는 한 주를 만들어 보세요.**

| 요 일 | 오늘의 미 션 | 실 천 여 부 |
|---|---|---|
| MON | 다른 친구들이 꺼리는 궂은 일 대신하기 | |
| TUE | 대중교통을 이용할 때 노약자에게 자리 양보하기 | |
| WED | 정직하게 살기 | |
| THU | 가정환경이 좋지 않은 친구들을 위해 중보 기도하기 | |
| FRI | 몸이 아픈 이웃을 위해 중보 기도하기 | |
| SAT | 어려운 사람을 돕는 구제 헌금을 준비해서 주일에 헌금하기 | |

기도 제목

예수님 ...

# CHAPTER 3
# 임재

DREAM WAVE CH. 3

1과

# 하나님의 임재

본문 열왕기상 8장 1-11절 암송 이사야 60장 1절

**암송 구절** 일어나라 빛을 발하라 이는 네 빛이 이르렀고 여호와의 영광이 네 위에 임하였음이니라 사 60:1

**MAIN IDEA** 하나님의 임재를 준비하라.

## WELCOME

### 최적의 장소!

중요한 시험을 앞두고 있다면, 다음 중 어떤 장소로 가서 공부하고 싶나요? 가고 싶은 장소와 그 이유에 대해 이야기해 보세요.

ADVENTURE

설교 제목

설교 내용

나의 결심

1 제사장들은 지성소 안으로 무엇을 옮겼나요? (6절)

2 제사장들이 여호와의 언약궤를 지성소에 놓자 어떤 일이 발생했나요? (10-11절)

3 이 사건이 의미하는 것은 무엇인가요? (왕상 6:12-13)

VALUE

## 말씀 순종 점검표

한 주 동안 나는 하나님의 말씀에 얼마나 잘 순종했나요? 아래 표에 체크하고, 점수를 합산해 보세요.

점검표

| | 정말 그렇다 | 그렇다 | 보통이다 | 그렇지 않다 | 전혀 그렇지 않다 |
|---|---|---|---|---|---|
| 1 하나님께 기쁜 마음으로 예배드렸습니다. | 5 | 4 | 3 | 2 | 1 |
| 2 매일 말씀을 읽고 기도하는 생활을 했습니다. | 5 | 4 | 3 | 2 | 1 |
| 3 힘든 친구를 챙기고 도와주었습니다. | 5 | 4 | 3 | 2 | 1 |
| 4 어른들의 말씀을 잘 듣고 공경했습니다. | 5 | 4 | 3 | 2 | 1 |
| 5 해야 할 일을 미루지 않았습니다. | 5 | 4 | 3 | 2 | 1 |
| 6 친구들에게 예수님을 전했습니다. | 5 | 4 | 3 | 2 | 1 |
| 7 마음을 상하게 하는 말이나 험담을 하지 않고 좋은 말을 많이 했습니다. | 5 | 4 | 3 | 2 | 1 |
| 8 모든 일에 감사하는 마음을 가졌습니다. | 5 | 4 | 3 | 2 | 1 |

나의 점수는 점

| | |
|---|---|
| 35점 이상 | 최고예요! |
| 30-34점 | 좋아요.^^ |
| 25-29점 | 보통이에요.~ |
| 20-24점 | 부족해요. |
| 19점 이하 | 많이 부족해요.ㅠㅠ |

## ENJOY MY STORY

**말씀에 순종함으로 하나님의 임재를 준비하라! 각 요일에 해당하는 미션을 수행해 보세요.**

| 요 일 | 오늘의 미 션 | 실 천 여 부 |
|---|---|---|
| MON | 힘든 친구를 챙기고 도와주기 | |
| TUE | '하나님 앞에서' 다른 사람 험담하지 않기 | |
| WED | '하나님 앞에서' 음란물 보지 않기 | |
| THU | 친구들에게 예수님을 전하기 | |
| FRI | 다른 사람의 마음을 상하게 하는 말과 험담을 하지 않고 좋은 말을 하기 | |
| SAT | 모든 일에 감사하는 마음 가지기 | |

기도 제목

DREAM WAVE CH. 3

2과

# 솔로몬의 간절한 기도

본문 열왕기상 8장 22-32절 암송 역대하 7장 14절

암송구절

내 이름으로 일컫는 내 백성이 그들의 악한 길에서 떠나 스스로 낮추고 기도하여 내 얼굴을 찾으면 내가 하늘에서 듣고 그들의 죄를 사하고 그들의 땅을 고칠지라

대하 7:14

## MAIN IDEA

하나님의 임재를 사모하라.

## WELCOME

다음 중 알맞은 단어를 골라 문장을 완성해 보세요!

하나님, 은혜, 임재, 피조물, 사모

__________를 __________ 한다는 것은,

내가 __________ 없이는 살아갈 수 없는

__________ 임을 겸손하게 고백하며,

모든 삶 위에 하나님의 __________ 를 간구하는 것이다.

ADVENTURE

설교 제목

설교 내용

나의 결심

1 솔로몬은 하나님을 어떤 분으로 표현하고 있나요? (23절)

2 솔로몬은 자신이 건축한 성전을 어떻게 표현하고 있나요? (27절)

3 솔로몬은 무엇을 하나님께 부탁드리고 있나요? (28-32절)

VALUE

## 하나님의 임재가 필요해요!

옆의 글귀를 소리 내어 읽은 후, 각 영역에서 하나님 없이는 해결될 수 없는 나의 문제들을 두 가지 이상 기록해 보세요.

> "예수님이 임재하시면, 모든 것이 형통하고 순탄하다. 그러나 예수님이 부재하시면, 모든 것이 어렵다."
>
> **- 토마스 아 켐피스(『그리스도를 본받아』의 저자)**

**1** 학교

**2** 마음

**3** 관계

## ENJOY MY STORY

하나님의 임재를 사모하라! 요일에 맞추어 Value에 적은 문제들을 놓고 하나님의 도우심을 구하는 기도를 해보세요.

| 요일 | 오늘의 미션 | 실천 여부 |
| --- | --- | --- |
| MON | | |
| TUE | 학교에서의 문제를 위한 기도 | |
| WED | | |
| THU | 마음의 문제를 위한 기도 | |
| FRI | | |
| SAT | 관계의 문제를 위한 기도 | |

기도 제목

# 3과 솔로몬의 타락

본문 열왕기상 11장 1-13절 암송 이사야 55장 7절

**암송구절** 악인은 그의 길을, 불의한 자는 그의 생각을 버리고 여호와께로 돌아오라 그리하면 그가 긍휼히 여기시리라 우리 하나님께로 돌아오라 그가 너그럽게 용서하시리라 사 55:7

**MAIN IDEA** 하나님의 임재를 떠나지 말라.

## WELCOME

### 진정한 회개의 다섯 가지 증거!

다음 항목에 체크하며 하나님 앞에 드렸던 나의 회개를 점검해 보세요.

진정한 회개의 다섯 가지 증거!(고후 7장)

| | | | |
|---|---|---|---|
| 1. 변증 | 자신의 잘못을 인정하고 용서받기 위해 진정으로 간구했나요? | YES | no |
| 2. 간절함 | 죄를 경계하는 마음을 가지고 있나요? | YES | no |
| 3. 분함 | 자신의 어리석음을 분하게 여기는 마음이 생겼나요? | YES | no |
| 4. 두려움 | 자신의 죄에 대한 하나님의 진노가 얼마나 엄하고 무서운지 생각하고 있나요? | YES | no |
| 5. 사모함 | 하나님께 여러 유혹에서 지켜 달라고 간구하고 있나요? | YES | no |

ADVENTURE

설교 제목

설교 내용

나의 결심

1 하나님을 향한 솔로몬의 마음이 어떻게 바뀌었나요? (1-4절)

2 하나님은 솔로몬이 죄를 뉘우칠 수 있도록 어떤 기회를 주셨나요? (9절)

3 하나님은 끝까지 회개하지 않는 솔로몬에게 어떻게 말씀하셨나요? (11절)

## 회개 List!

하나님 앞에서 버려야 할 내 안의 악한 것들을 적어 보세요.

## ENJOY MY STORY

회개에 대한 다음의 성경 구절을 읽고 묵상하면서 회개에 열심을 내는 한 주를 만들어 보세요.

| 요 일 | 오늘의 미 션 | 실 천 여 부 |
|---|---|---|
| MON | 이사야 6장 5-7절을 읽고 묵상하기 | |
| TUE | 스가랴 1장 3-4절을 읽고 묵상하기 | |
| WED | 사도행전 20장 21절을 읽고 묵상하기 | |
| THU | 히브리서 6장 1절을 읽고 묵상하기 | |
| FRI | 다니엘 9장 13절을 읽고 묵상하기 | |
| SAT | 이사야 55장 7절을 읽고 묵상하기 | |

기도 제목

DREAM WAVE CH. 3

# 4과 자기 마음에 정한 대로!

**본문** 열왕기상 12장 25-33절 **암송** 야보고서 4장 6절

**암송구절** 그러나 더욱 큰 은혜를 주시나니 그러므로 일렀으되 하나님이 교만한 자를 물리치시고 겸손한 자에게 은혜를 주신다 하였느니라 약 4:6

**MAIN IDEA** 교만은 하나님의 임재를 가로막는다.

## WELCOME

### 교만이란?

다음 밑줄에 알맞은 말을 적으면서 교만의 세 가지 특징이 무엇인지 알아보세요.

고린도전서 4장 7절

---

디모데후서 3장 2절

---

유다서 1장 6절

---

ADVENTURE

설교 제목

설교 내용

나의 결심

1 여로보암은 백성이 예루살렘에 가지 못하도록 무엇을 만들었나요? (28절)

2 여로보암이 정한 절기는 어디에서 비롯된 것인가요? (33절)

3 교만은 어디에서 나오는 것일까요? (막 7:21-22)

## 내게 있는 교만!

**나의 마음과 생각, 태도 중에 교만의 모습이 있지는 않은지 점검해 보세요.**

### 교만의 특징 (1) 다른 사람을 나보다 아래로 보는 모습

| | 5 | 4 | 3 | 2 | 1 |
|---|---|---|---|---|---|
| | 매우 그렇다 | ← | 보통이다 | → | 전혀 그렇지 않다 |
| 타인의 외모를 많이 지적하는 편이다. | 5 | 4 | 3 | 2 | 1 |
| 친구가 모르는 것이 있을 때 핀잔을 준다. | 5 | 4 | 3 | 2 | 1 |

### 교만의 특징 (2) 자기중심적인 모습

| | 5 | 4 | 3 | 2 | 1 |
|---|---|---|---|---|---|
| | 매우 그렇다 | ← | 보통이다 | → | 전혀 그렇지 않다 |
| 이기적이라는 말을 많이 듣는 편이다. | 5 | 4 | 3 | 2 | 1 |
| 무엇이든 나의 뜻대로 되어야 직성이 풀린다. | 5 | 4 | 3 | 2 | 1 |

### 교만의 특징 (3) 하나님이 세우신 질서를 깨뜨리는 모습

| | 5 | 4 | 3 | 2 | 1 |
|---|---|---|---|---|---|
| | 매우 그렇다 | ← | 보통이다 | → | 전혀 그렇지 않다 |
| 부모님께 순종하는 편이다. | 5 | 4 | 3 | 2 | 1 |
| 매사에 불평을 한다. | 5 | 4 | 3 | 2 | 1 |

## ENJOY MY STORY

**내 안에 있는 교만을 제거하라! 매일의 미션을 수행하며, 하나님 앞에 겸손한 그리스도인으로 세워지는 한 주를 만들어 보세요.**

| 요 일 | 오늘의 미 션 | 실 천 여 부 |
| --- | --- | --- |
| MON | 야고보서 4장 6-7절 말씀을 적어서 눈에 잘 보이는 곳에 붙이기 | |
| TUE | 부모님의 말씀에 적극적으로 순종하기 | |
| WED | 매사에 감사하는 마음을 가지기 | |
| THU | 친구들을 배려하고 좋은 것을 양보하기 | |
| FRI | 친구들의 장점을 찾아서 칭찬해 주기 | |
| SAT | 부모님께 감사 카드 쓰기 | |

기도 제목

DREAM WAVE CH. 3

# 5과 회복의 시작

본문 열왕기상 15장 9-15절　　암송 시편 51편 10절

**암송 구절** 하나님이여 내 속에 정한 마음을 창조하시고 내 안에 정직한 영을 새롭게 하소서 시 51:10

**MAIN IDEA** 하나님의 임재를 회복하라.

## WELCOME

**아사 왕의 계보를 완성해 보세요!**　　아비얌, 다윗, 솔로몬, 사울, 르호보암

ADVENTURE

설교 제목

설교 내용

나의 결심

1 하나님 보시기에 아사 왕이 정직하게 행한 것은 무엇이었나요? (11-12절)

2 하나님 보시기에 아사 왕의 마음은 어떠했나요? (14절)

3 아사 왕의 말년은 어떠했나요? (대하 16:9-14)

## 남유다의 경건한 왕들

남유다에는 아사 왕 이후에도 여섯 명의 경건한 왕들이 있었습니다. 이들이 하나님 앞에서 보인 선한 모습들을 한 가지씩 기록해 보세요.

| 왕 | 성경 본문 | 선한 모습 |
|---|---|---|
| 여호사밧 | 역대하 17장 3-5절 | |
| 아마샤 | 역대하 25장 2절 | |
| 웃시야 | 역대하 26장 4-5절 | |
| 요담 | 역대하 27장 6절 | |
| 히스기야 | 역대하 29장 30절 | |
| 요시야 | 역대하 34장 33절 | |

## ENJOY MY STORY

남유다의 경건한 왕들의 모습을 본받아 하나님이 기뻐하시는 선한 모습으로 살아갑시다.

| 요일 | 오늘의 미션 | 실천 여부 |
|---|---|---|
| MON | 여호사밧 하나님의 말씀을 따라 살기 | |
| TUE | 아마샤 정직하게 살기 | |
| WED | 웃시야 매사에 하나님께 기도드리기 | |
| THU | 요담 '하나님 앞에서'를 기억하며 살기 | |
| FRI | 히스기야 가정예배 드리기 | |
| SAT | 요시야 하나님보다 사랑하는 것이 없는지 돌아보기 | |

기도 제목

예수님 ...

드 림 웨 이 브　청 소 년

# CHAPTER 4

# 승리

1과 승리의 비결

2과 하늘의 여덟 가지 복

3과 부활의 증인이 되는 삶

4과 응답받는 기도의 비결

DREAM WAVE CH. 4

1과

# 승리의 비결

본문 마태복음 4장 1-11절　　암송 시편 119편 105절

**암송구절** 주의 말씀은 내 발에 등이요 내 길에 빛이니이다 시 119:105

## MAIN IDEA 말씀으로 승리하라.

## WELCOME

### 유혹

성경의 인물들은 어떤 유혹을 받았나요? 알맞게 짝지어 보세요.

요셉

재산과 피부병

다윗

선악과

아담과 하와

우리아의 아내

욥

보디발의 아내

ADVENTURE

설교 제목

설교 내용

나의 결심

1 예수님은 무엇에 이끌려 광야로 가셨나요? 그리고 광야에서 무엇을 하셨나요? (1절)

2 예수님은 사탄에게 받은 시험을 어떻게 이기셨나요? (3-11절)

3 예수님이 광야에서 40일 동안 금식하신 이유는 무엇인가요?

## 어려운 시험

다음 중에 내가 이겨내기 어려운 시험은 무엇인가요? 가장 어려운 시험부터 차례대로 순서를 매겨 보세요.

(　　)

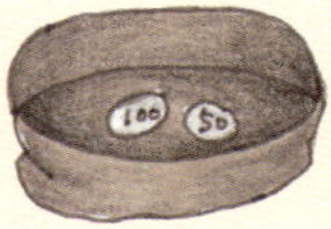

(　　)

(　　)

(　　)

(　　)

기타

(　　)

## ENJOY MY STORY

'시험'에 관련된 말씀을 매일 한 구절씩 암송하세요.

| 요 일 | 오늘의 미 션 | 실 천 여 부 |
|---|---|---|
| MON | "욕심이 잉태한즉 죄를 낳고 죄가 장성한즉 사망을 낳느니라"(약 1:15). | |
| TUE | "그런즉 선 줄로 생각하는 자는 넘어질까 조심하라"(고전 10:12). | |
| WED | "오직 각 사람이 시험을 받는 것은 자기 욕심에 끌려 미혹됨이니"(약 1:14). | |
| THU | "돈을 사랑함이 일만 악의 뿌리가 되나니 이것을 탐내는 자들은 미혹을 받아 믿음에서 떠나 많은 근심으로써 자기를 찔렀도다"(딤전 6:10). | |
| FRI | "사람이 떡으로만 살 것이 아니요 하나님의 입으로부터 나오는 모든 말씀으로 살 것이라 하였느니라"(마 4:4). | |
| SAT | "주의 말씀은 내 발에 등이요 내 길에 빛이니이다"(시 119:105). | |

기도 제목

DREAM WAVE CH. 4

2과

# 하늘의 여덟 가지 복

본문 마태복음 5장 1-12절　　암송 마태복음 5장 3절

암송구절 심령이 가난한 자는 복이 있나니 천국이 그들의 것임이요 마 5:3

MAIN IDEA **하늘 소망으로 승리하라.**

## WELCOME

'복'에는 '행복'의 의미가 담겨 있습니다. 당신을 행복하게 하는 것이 무엇인지 세 가지를 이야기해 보세요.

1

2

3

ADVENTURE

설교 제목

설교 내용

나의 결심

1 심령이 가난한 자에게 주어지는 복은 무엇인가요? (3절)

2 본문은 어떤 사람이 '복이 있다'고 말하나요? (3-10절)

3 팔복 중에서 천국의 복을 받는 사람은 어떤 사람인가요? (3, 10절)

VALUE

## 복 있는 인생

**팔복의 말씀을 묵상하며, '복 있는 인생'이 되기 위해 할 수 있는 일을 찾아봅시다.**

예시 1. 긍휼히 여기는 자: 구호단체를 통해 어린이 한 명을 후원한다.

2. 애통하는 자: 내 안에 있는 죄를 돌아보고 기록하여 회개하는 시간을 갖는다.

3. 심령이 가난한 자: 학교나 가정에 있는 어려운 문제를 하나님께 기도로 올려드린다.

## ENJOY MY STORY

성경의 복된 인생을 하루에 한 가지씩 실천해 보세요.

| 요일 | 오늘의 미션 | 실천 여부 |
|---|---|---|
| MON | 심령이 가난한 삶 하나님밖에 도와줄 분이 없음을 인정하는 자 | |
| TUE | 애통하는 삶 '자기 의'에 대해 애통하는 자 | |
| WED | 긍휼히 여기는 삶 타인의 고통을 자기의 것으로 삼아 남을 돌보는 자 | |
| THU | 마음이 청결한 삶 두 마음을 벗어나 하나님께만 향하는 자 | |
| FRI | 화평케 하는 삶 경쟁이 아닌 협력으로 화평을 도모하는 자 | |
| SAT | 의를 위해 박해 받는 삶 경건하게 살기 위해 핍박을 두려워하지 않는 자 | |

기도 제목

DREAM WAVE CH. 4

# 3과 부활의 증인이 되는 삶

본문 누가복음 24장 36-49절 암송 고린도전서 15장 13절

암송구절 만일 죽은 자의 부활이 없으면 그리스도도 다시 살아나지 못하셨으리라
고전 15:13

## MAIN IDEA 부활로 승리하라.

## WELCOME

'장수'(長壽)할 수 있는 비결이라고 생각하는 것에 동그라미로 표시해 보세요.

채식 유전자

충분한 수면 종교

운동 긍정적 사고방식

ADVENTURE

설교 제목

설교 내용

나의 결심

1 부활하신 예수님께서 제자들에게 나타나셨을 때 제자들의 반응은 어땠나요? (37-38, 41절)

2 예수님이 부활하셨다는 증거는 무엇인가요? (39-43절)

3 예수님은 제자들에게 무엇이 되라고 말씀하셨나요? (48절)

## '부활'에 대한 자신의 신앙고백

예수님의 부활을 믿는 많은 그리스도인의 신앙고백을 보고, '부활'에 대한 자신의 신앙고백을 적어 보세요.

"여기 정확한 기록이 있다. 공자의 무덤은 차 있다. 부처의 무덤도 차 있다. 마호메트의 무덤도 차 있다. 그러나 예수의 무덤은 비어 있다."

\- 하디

"부활은 역사적 사실이다. 그것 없는 역사는 신빙성이 없다."

\- 피녹스

"부활절을 아는 사람은 절망할 수 없다."

\- 본회퍼

"예수님의 부활이 없었다면 우리도 부활할 수 없고, 그렇다면 우리만큼 불쌍한 존재도 없다."

\- 옥한흠

"그리스도의 신성을 가장 확실하게 입증하는 것은 바로 그의 부활입니다."

\- 찰스 스펄전

## ENJOY MY STORY

부활의 증인으로서 매일 한 명의 친구에게 부활의 소식을 전해 보세요.

| 요일 | 부활의 소식을 전할 친구 | 실천 여부 |
|---|---|---|
| MON | | |
| TUE | | |
| WED | | |
| THU | | |
| FRI | | |
| SAT | | |

기도 제목

DREAM WAVE CH. 4

# 4과 응답받는 기도의 비결

본문 마태복음 7장 1-12절 암송 마태복음 7장 7-8절

**암송구절** 구하라 그리하면 너희에게 주실 것이요 찾으라 그리하면 찾아낼 것이요 문을 두드리라 그리하면 너희에게 열릴 것이니 구하는 이마다 받을 것이요 찾는 이는 찾아낼 것이요 두드리는 이에게는 열릴 것이니라 마 7:7-8

**MAIN IDEA** 기도로 승리하라.

## WELCOME

### 나의 가장 큰 고민은?

요즘 청소년들의 고민은 무엇일까요? 그리고 나의 가장 큰 고민은 무엇인가요?

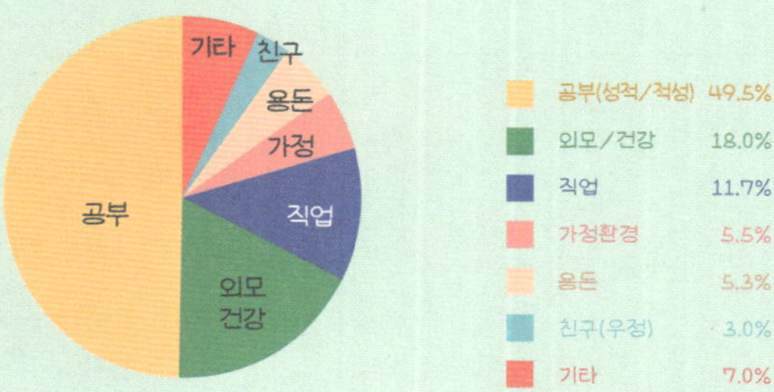


2015년 통계청

나의 고민

1 ______________________

2 ______________________

3 ______________________

ADVENTURE

설교 제목

설교 내용

나의 결심

1 비판을 받지 않으려면 어떻게 해야 하나요? (1절)

2 주님은 구하고, 찾고, 두드리는 자에게 어떻게 하시나요? (7-8절)

3 아버지는 아들에게 항상 어떤 것을 주시나요? (11절)

VALUE

지금까지 하나님께 응답받은 기도와 응답받지 못한 기도의 제목, 그리고 그런 결과가 나온 이유를 기록하고 이야기해 보세요.

| 기도 제목 | 응답 여부 | 이유 |
| --- | --- | --- |
| | | |
| | | |
| | | |

ENJOY MY STORY

친구 및 가족들의 기도 제목을 한두 개씩 받아서 기록하고 매일 하나씩 기도해 주세요.

| 요일 | 기도 제목 | 실천 여부 |
| --- | --- | --- |
| MON | | |
| TUE | | |
| WED | | |
| THU | | |
| FRI | | |
| SAT | | |

기도 제목

예수님 …

# CHAPTER 5

# 기쁨

1과 구원의 기쁨을 누리라

2과 쉼의 기쁨을 누리라

3과 천국의 기쁨을 누리라

4과 응답의 기쁨을 누리라

DREAM WAVE CH. 5

1과

# 구원의 기쁨을 누리라

본문 마태복음 9장 9-17절　　암송 스바냐 3장 17절

암송구절
너의 하나님 여호와가 너의 가운데에 계시니 그는 구원을 베푸실 전능자이시라 그가 너로 말미암아 기쁨을 이기지 못하시며 너를 잠잠히 사랑하시며 너로 말미암아 즐거이 부르며 기뻐하시리라 하리라 습 3:17

## MAIN IDEA 구원의 기쁨

## WELCOME

### 죄

하나님이 미워하시는 죄가 무엇인지 알맞은 답을 찾아 동그라미 안에 적어 보세요.

거짓, 우상, 게으른, 교만, 원망, 음행

1 "○○은 패망의 선봉이요 거만한 마음은 넘어짐의 앞잡이니라"(잠 16:18).

2 "신실한 증인은 ○○ 말을 아니하여도 ○○ 증인은 거짓말을 뱉느니라"(잠 14:5).

3 "그런즉 내 사랑하는 자들아 ○○ 숭배하는 일을 피하라"(고전 10:14).

4 "형제들아 서로 ○○하지 말라 그리하여야 심판을 면하리라"(약 5:9a).

5 "○○을 피하라 사람이 범하는 죄마다 몸 밖에 있거니와 ○○하는 자는 자기 몸에 죄를 범하느니라"(고전 6:18).

6 ○○○ 자여 개미에게 가서 그가 하는 것을 보고 지혜를 얻으라"(잠 6:6).

ADVENTURE

설교 제목

설교 내용

나의 결심

1 예수님께서 세리 마태를 만나 처음 하신 말씀이 무엇인가요? (9절)

2 바리새인들이 예수님께 지적한 문제는 무엇이었나요? (10-11절)

3 예수님은 어떤 사람을 구원하기 원하시나요? (12-13절)

## 나의 신앙고백

아래 빈칸에 알맞는 말을 넣고, 사도들의 신앙고백같이 하나님께 나만의 신앙을 고백해 보세요.

**사도신경(사도들의 신앙고백)**

전능하사 천지를 만드신 ____________ 아버지를 내가 믿사오며, 그 외아들 우리 주 예수 ____________ 를 믿사오니, 이는 ____________ 으로 잉태하사 동정녀 마리아에게 나시고, 본디오 빌라도에게 고난을 받으사, ____________ 에 못박혀 죽으시고, 장사한 지 ____________ 만에 죽은 자 가운데서 다시 ____________, 하늘에 오르사, 전능하신 하나님 우편에 앉아 계시다가, 저리로서 산 자와 죽은 자를 ____________ 하러 오시리라. 성령을 믿사오며, 거룩한 공회와, 성도가 서로 교통하는 것과, ____________ 를 사하여 주시는 것과, 몸이 다시 사는 것과, 영원히 사는 것을 믿사옵나이다.

아멘.

나의 신앙고백

## ENJOY MY STORY

죄인을 부르러 오신 주님께 감사하는 마음으로 성경 말씀을 암송하고 죄를 멀리하도록 노력하세요.

| 요 일 | 오늘의 미 션 | 실 천 여 부 |
| --- | --- | --- |
| MON | "교만은 패망의 선봉이요 거만한 마음은 넘어짐의 앞잡이니라"(잠 16:18). | |
| TUE | "신실한 증인은 거짓말을 아니하여도 거짓 증인은 거짓말을 뱉느니라"(잠 14:5). | |
| WED | "그런즉 내 사랑하는 자들아 우상 숭배하는 일을 피하라"(고전 10:14). | |
| THU | "형제들아 서로 원망하지 말라 그리하여야 심판을 면하리라"(약 5:9a). | |
| FRI | "음행을 피하라 사람이 범하는 죄마다 몸 밖에 있거니와 음행하는 자는 자기 몸에 죄를 범하느니라"(고전 6:18). | |
| SAT | "게으른 자여 개미에게 가서 그가 하는 것을 보고 지혜를 얻으라"(잠 6:6). | |

기도 제목

DREAM WAVE CH. 5

2과

# 쉼의 기쁨을 누리라

본문 마태복음 11장 20-30절 암송 마태복음 11장 28절

암송구절 수고하고 무거운 짐 진 자들아 다 내게로 오라 내가 너희를 쉬게 하리라

마 11:28

## MAIN IDEA 쉼의 기쁨

## WELCOME

다음 중 가장 무거운 것은 무엇인가요? 그것이 가장 무거운 이유는 무엇인가요?

고속열차

선박

비행기

사람

기타

ADVENTURE

설교 제목

설교 내용

나의 결심

1 예수님께서 복음을 전하실 때 회개하지 않은 세 지역은 어디인가요? (21-23절)

2 주님은 어떤 사람들에게 자신의 뜻을 나타내시나요? (25절)

3 예수님은 수고하고 무거운 짐 진 자들에게 뭐라고 말씀하시나요? (28-30절)

## 육신을 위한 쉼 & 영혼을 위한 쉼

어떤 방법으로 쉼을 누릴 수 있을까요? 자신만의 방법을 적고 이야기해 보세요.

### 1 육신을 위한 쉼

(1) 실외로 나가 햇볕을 쬔다.

(2) 바다와 산을 찾아 떠난다.

(3) 운동을 한다.

(4) 휴대폰이나 SNS를 멀리한다.

(5) (나) ______________________

### 2 영혼을 위한 쉼

(1) 통성 기도나 묵상 기도를 한다.

(2) 주중 예배에 참석한다.

(3) 말씀을 암송한다. (예: 마태복음 11장 28절 암송)

(4) (나) ______________________

## ENJOY MY STORY

몸과 영혼의 쉼을 위한 시간을 가져 보세요!

| 요일 | 오늘의 미션 | 실천 여부 |
| --- | --- | --- |
| MON | 좋아하는 음식 먹기 | |
| TUE | 개인적으로 10분 이상 기도하기 | |
| WED | 운동(줄넘기, 팔굽혀펴기 등)하기 | |
| THU | 성경 한 구절 암송하기 | |
| FRI | 휴대폰 멀리하기 | |
| SAT | 성경 한 장 읽기 | |

기도 제목

DREAM WAVE CH. 5

# 3과 천국의 기쁨을 누리라

본문 마태복음 13장 44-50절 암송 마태복음 13장 44절

**암송 구절** 천국은 마치 밭에 감추인 보화와 같으니 사람이 이를 발견한 후 숨겨 두고 기뻐하며 돌아가서 자기의 소유를 다 팔아 그 밭을 사느니라 마 13:44

## MAIN IDEA 천국의 기쁨

## WELCOME

내가 알고 있는 천국과 지옥은 어떤 곳인지 이야기해 보세요.

천국의 특징

1 ______

2 ______

3 ______

지옥의 특징

1 ______

2 ______

3 ______

ADVENTURE

설교 제목

설교 내용

나의 결심

**1** 예수님은 천국을 무엇에 비유하셨나요? (44-47절)

1

2

3

**2** 예수님은 세상 마지막 날에 어떤 일이 일어날 것이라고 말씀하셨나요? (49-50절)

**3** 당신은 당신의 모든 소유를 다 팔아서라도 천국을 소유할 가치가 있다고 생각하나요? 그렇게 생각하는 이유는 무엇인가요?

VALUE

밑줄 친 곳에 들어갈 내용을 생각하여 적어 보세요.

천국 백성으로서 예수님을 따르기 위해 ____________ 을(를) 끊겠습니다.

## 1 지금까지 예수님을 위해 포기한 것

## 2 앞으로 예수님을 위해 포기할 것

예시 예수님을 따르기 위해 ( )을(를) 끊겠습니다.
술, 담배, 음란 동영상, 불법 다운로드, 욕

## ENJOY MY STORY

천국에 관한 기쁨의 찬양을 하루에 한 곡씩 부르세요.

| 요일 | 오늘의 미션 | 실천 여부 |
| --- | --- | --- |
| MON | "천국은 마치" | |
| TUE | "지금은 엘리야 때처럼" | |
| WED | "난 예수가 좋다오" | |
| THU | "내 영혼이 은총 입어" | |
| FRI | "이 곳에 임하신 하나님 나라" | |
| SAT | "돈으로도 못 가요" | |

기도 제목

DREAM WAVE CH. 5

4과

# 응답의 기쁨을 누리라

본문 마태복음 15장 21-28절 암송 시편 34편 4절

암송 구절 내가 여호와께 간구하매 내게 응답하시고 내 모든 두려움에서 나를 건지셨도다 시 34:4

## MAIN IDEA 응답의 기쁨

## WELCOME

나를 가장 기쁘게 하는 것을 순서대로 적어 보세요.

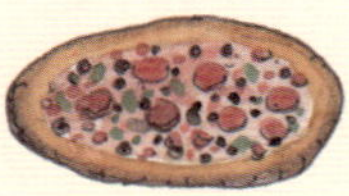

(  )

(  )

(  )

(  )

기타

(  )

ADVENTURE

설교 제목

설교 내용

나의 결심

1 가나안 여인의 간절한 소원은 무엇인가요? (22절)

2 가나안 여인을 향한 예수님의 대답은 무엇이었나요? (24절)

3 예수님께서 여인의 무엇을 보고 그 여인의 딸을 고쳐 주셨나요? (28절)

## VALUE

가나안 여자처럼 '응답받는 기도의 비결'을 가지고 기도했던 성경 인물들을 찾아보고, 나만의 기도문을 작성해 보세요.

응답받는 기도

| 내용 | 성경 본문 | 인물 |
|---|---|---|
| **믿음의 기도** | 열왕기상 18장 36-38절 | |
| **간절한 기도** | 누가복음 22장 44절 | |
| **끈질긴 기도** | 창세기 32장 24-28절 | |

하나님을 향한 믿음을 담아 소원하는 내용을 기도문으로 작성해 보세요.

## ENJOY MY STORY

매일 한 사람에게 기도 제목을 받아 그 사람을 위해 믿음으로 기도해 주세요.

| 요일 | 오늘의 미션 | 실천 여부 |
|---|---|---|
| MON | 가족 이름 | |
| TUE | 친구 이름 | |
| WED | 가족 이름 | |
| THU | 친구 이름 | |
| FRI | 가족 이름 | |
| SAT | 친구 이름 | |

기도 제목

예수님…

# CHAPTER 6

# 하나님 나라

DREAM WAVE CH. 6

1과

# 하나님 나라의 큰 자

본문 마태복음 18장 1-11절 암송 마태복음 18장 4절

암송 구절 그러므로 누구든지 이 어린 아이와 같이 자기를 낮추는 사람이 천국에서 큰 자니라 마 18:4

## MAIN IDEA 하나님 나라에서 가장 큰 자

## WELCOME

### 가장 큰 자

다음 중 누가 더 큰 사람인가요?

ADVENTURE

설교 제목

설교 내용

나의 결심

1 예수님께 질문하는 제자들의 가장 큰 관심사는 무엇인가요? (1절)

2 제자들의 질문에 대한 예수님의 답은 무엇이었나요? (4절)

3 예수 믿는 어린아이를 실족하게 하면 어떤 형벌을 받나요? (6, 7절)

## 겸손한 사람

내가 알고 있는 사람 중에 '겸손한 사람'이 있는지 생각해 보고, 그 사람의 삶에 대해서 이야기해 보세요.

| 이름 | 그의 삶 |
| --- | --- |
| | |
| | |

## ENJOY MY STORY

하나님 앞에 겸손한 사람으로 살아 보세요.

| 요일 | 오늘의 미션 | 실천 여부 |
|---|---|---|
| MON | 나보다 남을 낫게 여기기 | |
| TUE | 타인을 가르치려 들지 않기 | |
| WED | 타인의 말에 귀 기울이기 | |
| THU | 친구를 무시하지 않기 | |
| FRI | 부모님의 말씀에 순종하기 | |
| SAT | 다른 사람을 높여 주기 | |

기도 제목

DREAM WAVE CH. 6

2과

# 용서하는 자, 용서받는 자

본문 마태복음 18장 21-35절 암송 마태복음 18장 35절

암송구절 너희가 각각 마음으로부터 형제를 용서하지 아니하면 나의 하늘 아버지께서도 너희에게 이와 같이 하시리라 마 18:35

## MAIN IDEA 용서로 하나님 나라를 이루라.

## WELCOME

누군가 당신에게 상처(욕, 거짓말, 도둑질, 폭력 등)를 주었을 때 어떤 식으로 대처하는지 이야기해 보세요.

1. 사과를 받아내려고 애쓴다.
2. 그 사람을 원망한다.
3. 분노로 대응한다.
4. 복수하는 상상을 한다.
5. 그냥 물러선다.
6. 기타(                    )

ADVENTURE

설교 제목

설교 내용

나의 결심

1 베드로가 생각한 용서의 기준은 몇 번까지 용서하는 것인가요? (21절)

2 예수님께서 생각하시는 용서의 기준은 어디까지인가요? (22절)

3 주인이 종의 빚을 탕감해 준 이유는 무엇인가요? (27절)

## 용서의 10단계

다음은 폴 마이어가 그의 책 『용서의 심리학』(생명의말씀사)에서 제안하는 용서의 10단계입니다. 상자 안에서 다음에 들어갈 말을 찾아 넣어 보세요.

> 상처, 정직, 용서, 기도, 사랑, 표현, 허물, 화해

1. ○○를 인정하라.
2. 솔직하고 ○○하라.
3. 원하는 목표를 확실히 하라.
4. ○○를 선택하라.
5. 용서를 말로 ○○하라.
6. ○○을 덮어 주어라.
7. ○○을 보여 주어라.
8. 가해자를 위해 ○○하라.
9. 가능하면 ○○를 시도하라.
10. 새롭게 시작하라.

## ENJOY MY STORY

하루 한 번, 잠들기 전 하나님께 용서를 구하는 기도를 해보세요.

| 요일 | 회개 내용 | 실천 여부 |
|---|---|---|
| MON | | |
| TUE | | |
| WED | | |
| THU | | |
| FRI | | |
| SAT | | |

기도 제목

DREAM WAVE CH. 6

3과

# 기도로 이루는 하나님 나라

본문 마태복음 21장 12-22절 암송 마태복음 21장 13절

암송 구절

그들에게 이르시되 기록된 바 내 집은 기도하는 집이라 일컬음을 받으리라 하였거늘 너희는 강도의 소굴을 만드는도다 하시니라 마 21:13

MAIN IDEA 기도로 하나님 나라를 세우라.

## WELCOME

'교회'로 2행시를 지어 보세요.

교

회

ADVENTURE

설교 제목

설교 내용

나의 결심

1 예수님은 성전을 어떻게 정의하셨나요? (13절)

2 예수님은 성전에서 무엇이 이루어지기를 원하셨나요? (13-16절)

3 예수님께서 무화과나무의 표적을 통해 가르쳐 주시는 기도의 원리는 무엇인가요? (22절)

## VALUE

아래의 항목을 보고 교회에서 나의 신앙 태도는 어떤지 점검해 보세요.

1 예배 5분 전에 와서 예배를 준비한다. YES NO

2 주일 헌금 및 십일조를 하고 있다. YES NO

3 찬양을 통해 하나님께 영광을 돌린다. YES NO

4 개인 기도 시간을 가진다. YES NO

5 말씀을 기록하여 실천한다. YES NO

ENJOY MY STORY

한 주간 내가 살아가는 모든 곳을 '기도의 집'으로 만들어 보세요.

| 요일 | 기도 장소 | 기도 시간 | 실천 여부 |
| --- | --- | --- | --- |
| MON | | | |
| TUE | | | |
| WED | | | |
| THU | | | |
| FRI | | | |
| SAT | | | |

기도 제목

DREAM WAVE CH. 6

4과

# 심판의 날을 준비하라

본문 마태복음 23장 29-39절  암송 마태복음 10장 28절

**암송 구절** 몸은 죽여도 영혼은 능히 죽이지 못하는 자들을 두려워하지 말고 오직 몸과 영혼을 능히 지옥에 멸하실 수 있는 이를 두려워하라 마 10:28

**MAIN IDEA** 지옥의 판결을 두려워하라.

## WELCOME

이 세상에 절대 용서할 수 없는 죄가 있다면 무엇이라고 생각하나요?

1 ______________________________

2 ______________________________

3 ______________________________

ADVENTURE

설교 제목

설교 내용

나의 결심

1 예수님께서 화를 내신 대상은 누구인가요? (29절)

2 예수님께서 무엇이라고 화를 내셨나요? (33절)

3 예수님은 예루살렘을 무엇이라 부르셨나요? (37절)

오늘 하나님의 심판대 앞에 선다면 다음과 같은 하나님의 질문에 뭐라고 대답할지 적어 보세요.

## ENJOY MY STORY

하루 한 번 자기 자신을 돌아보며 회개하는 시간을 가져 봅시다.

| 요일 | 회개한 내용 | 실천 여부 |
|---|---|---|
| MON | | |
| TUE | | |
| WED | | |
| THU | | |
| FRI | | |
| SAT | | |

기도 제목

# 5과 깨어 있으라

본문 마태복음 24장 36-44절　암송 마태복음 24장 41-42절

**암송 구절** 두 여자가 맷돌질을 하고 있으매 한 사람은 데려가고 한 사람은 버려둠을 당할 것이니라 그러므로 깨어 있으라 어느 날에 너희 주가 임할는지 너희가 알지 못함이니라 마 24:41-42

## MAIN IDEA

하나님 나라를 준비하라.

## WELCOME

생명이 일주일밖에 남지 않았다면 당신은 무엇을 하겠습니까?
나만의 버킷리스트를 세 가지 적고 그것에 대해 이야기해 봅시다.

1 ______________________

2 ______________________

3 ______________________

ADVENTURE

설교 제목

설교 내용

나의 결심

1 예수님께서 다시 오시는 날은 언제인가요? (36절)

2 예수님의 재림 때 일어날 일은 무엇인가요? (40-41절)

3 "깨어 있으라"는 말씀의 의미가 무엇인지 이야기해 보세요(42-44절).

VALUE

성경에서 말하는 천국의 특징을 찾고 그림으로 그려 봅시다.

1 이사야 6장 1-3절

2 고린도전서 13장 12절

3 요한계시록 21장 4절

4 요한계시록 22장 4-5절

## ENJOY MY STORY

하나님 나라를 준비하는 마음으로 하루에 하나씩 하나님이 기뻐하시는 일을 실천해 보세요.

| 요일 | 오늘의 미션 | 실천 여부 |
|---|---|---|
| MON | 한 사람에게 복음 전하기 | |
| TUE | 나라를 위해 1분 동안 기도하기 | |
| WED | 한 사람에게 이웃 사랑 실천하기 | |
| THU | 부모님께 순종하기 | |
| FRI | 온 가족이 가정예배 드리기 | |
| SAT | 성경 한 장 읽고 기도하기 | |

기도 제목

MEMO

# MEMO

드림웨이브 청소년

# DREAM WAVE

VISION STORY I

초판 2쇄 2020년 2월 19일

발행인 | 김은호

소 장 | 주경훈

편집장 | 장병주

글쓴이 | 정지호 이태선 김선일

발행처 | 도서출판 꿈미

등 록 | 제2014-000035호

주 소 | 서울시 강동구 양재대로85길 16, B1

전 화 | 02-6413-4896

팩 스 | 02-470-1397

홈페이지 | (꿈미) www.coommi.org (쇼핑몰) www.coommimall.com

ISBN | 979-11-89047-31-3 74230

값 5,000원



* 본 교재의 교사용 지침서는 꿈이 있는 미래 홈페이지(http://coommi.org/)에서 무료로 다운로드하실 수 있습니다.